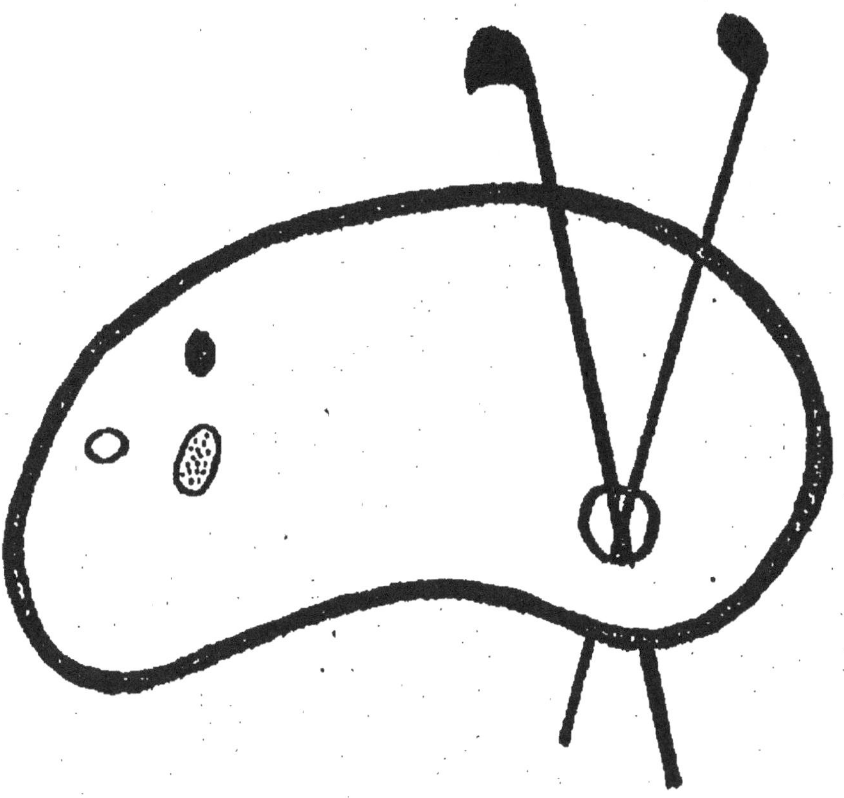

MINISTÈRE DE L'INTÉRIEUR.

ORDONNANCE DU ROI

PORTANT ORGANISATION

DE L'ADMINISTRATION CENTRALE

DU MINISTÈRE DE L'INTÉRIEUR,

suivie

D'UN RÉGLEMENT POUR LE SERVICE INTÉRIEUR

DE L'ADMINISTRATION CENTRALE.

PARIS,

IMPRIMERIE ET LIBRAIRIE ADMINISTRATIVES

de **P. DUPONT** et Cie,

Rue de Grenelle-Saint-Honoré, 55, Hôtel-des-Fermes.

FÉVRIER 1845.

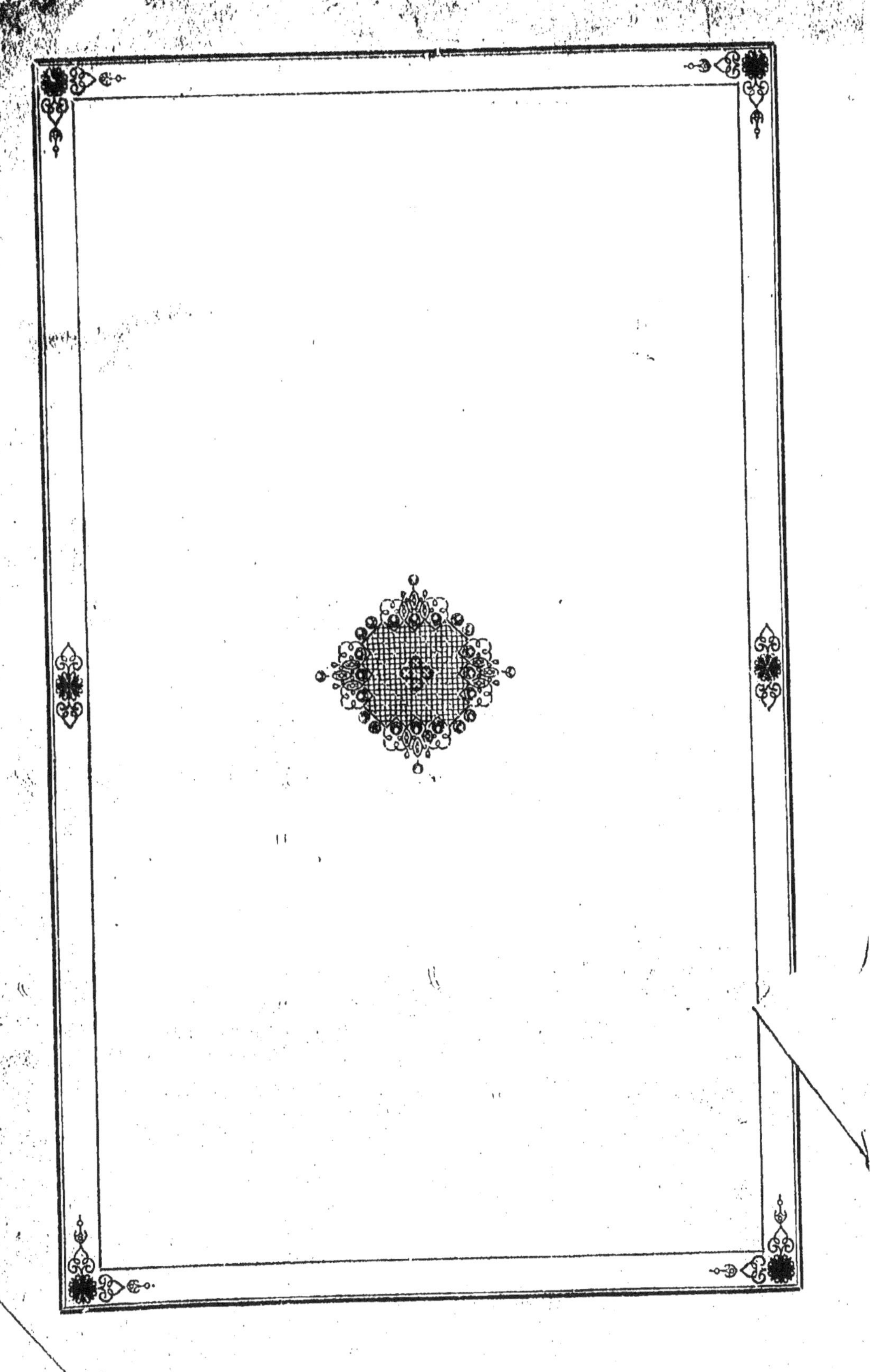

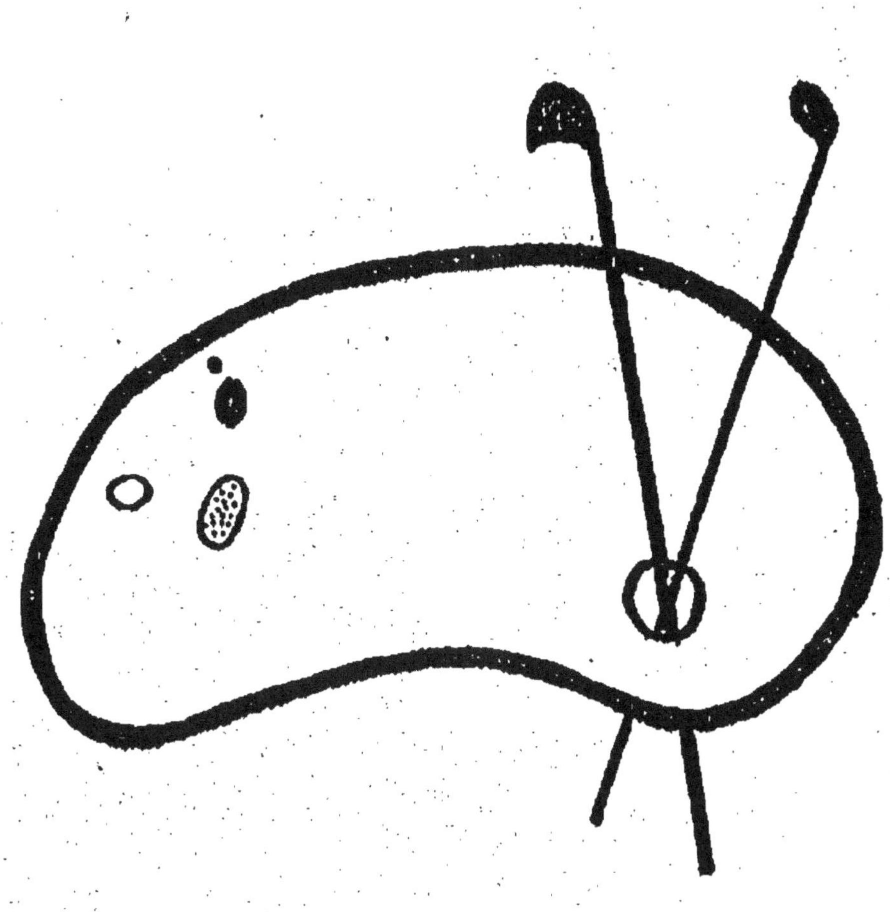

FIN D'UNE SERIE DE DOCUMENTS
EN COULEUR

MINISTÈRE DE L'INTÉRIEUR.

ORDONNANCE DU ROI

PORTANT ORGANISATION

DE L'ADMINISTRATION CENTRALE

DU MINISTÈRE DE L'INTÉRIEUR,

suivie

D'UN RÈGLEMENT POUR LE SERVICE INTÉRIEUR

DE L'ADMINISTRATION CENTRALE.

PARIS,
IMPRIMERIE ET LIBRAIRIE ADMINISTRATIVES
de P. DUPONT et Cie,
Rue de Grenelle-Saint-Honoré, 55, Hôtel-des-Fermes.

FÉVRIER 1845.

MINISTÈRE DE L'INTÉRIEUR.

ORDONNANCE DU ROI

DU 15 DÉCEMBRE 1844,

PORTANT ORGANISATION DE L'ADMINISTRATION CENTRALE

DU MINISTÈRE DE L'INTÉRIEUR.

LOUIS-PHILIPPE, roi des Français, à tous présents et à venir, salut :

Vu la loi du 24 juillet 1843 portant fixation du budget des dépenses de l'exercice 1844 et dont l'article 7 est ainsi conçu :

« Avant le 1er janvier 1845, l'organisation centrale de chaque « ministère sera réglée par une ordonnance royale insérée au « *Bulletin des Lois*. Aucune modification ne pourra être apportée « que dans la même forme et avec la même publicité. »

Sur le rapport de notre ministre secrétaire d'État au département de l'intérieur,

Nous avons ordonné et ordonnons ce qui suit :

Art. 1er. L'administration centrale du ministère de l'intérieur est organisée ainsi qu'il suit :

Cabinet du ministre.
1re division.—Secrétariat général.
2e division.—Police générale.
3e division.—Administration générale et départementale.
4e division.—Administration communale et hospitalière.
5e division.—Administration des prisons.
6e division.—Beaux-arts.
7e division.—Comptabilité centrale.
Caisse centrale.

Art. 2. Le cadre des bureaux du ministère comprend :

1 chef du cabinet,
7 chefs de division,
1 caissier central,
26 chefs de bureau,
36 sous-chefs,
50 rédacteurs,
15 commis d'ordre,
60 expéditionnaires.

Les employés ci-après désignés ne font pas partie du cadre des bureaux :

Division des beaux-arts.

4 examinateurs des pièces de théâtre,
1 inspecteur des théâtres,
1 secrétaire de la commission d'examen,
1 inspecteur en chef du service de la librairie,
3 commissaires de police attachés au même service,
1 conservateur de la bibliothèque,
1 conservateur du dépôt de la librairie.

Division de l'administration générale et départementale.

1 ingénieur en chef chargé du service des chemins vicinaux,
1 secrétaire de la commission des établissements généraux de bienfaisance.

Division du secrétariat général.

1 chef de service du matériel.

Caisse centrale.

1 payeur,
4 employés.

Art. 3. La hiérarchie des bureaux et les traitements sont fixés comme ci-après :

Chefs de division	1re classe	12,000 fr.
	2e classe	10,000
Chefs de bureau	1re classe	7,000
	2e classe	6,000
	3e classe	5,000
Sous-chefs	1re classe	4,000
	2e classe	3,500
	3e classe	3,000
Rédacteurs ou commis d'ordre	1re classe	2,800
	2e classe	2,400
	3e classe	2,000
Expéditionnaires	1re classe	2,400
	2e classe	2,100
	3e classe	1,800
	4e classe	1,500

Art. 4. Les attributions des différents services composant le ministère de l'intérieur sont réglées ainsi qu'il suit :

Cabinet du ministre.

1er *bureau.*—Affaires personnelles et réservées ; demandes d'audiences ; lignes télégraphiques, garde municipale et sapeurs-pompiers de Paris.
2e *bureau.*—Personnel et secours généraux.

1re division.—Secrétariat général.

1er *bureau.*—Contentieux électoral, conseils administratifs, maires et adjoints à la nomination du roi.
2e *bureau.*—Maires et adjoints à la nomination des préfets ; comptabilité des préfectures et sous-préfectures.
3e *bureau.*—Gardes nationales et affaires militaires.
4e *bureau.*—Archives.
5e *bureau.*—Ouverture des dépêches et enregistrement. — Dépenses intérieures.

2e division.—Police générale.

1er *bureau.*—Correspondance générale.
2e *bureau.*—Police administrative.
3e *bureau.*—Réfugiés subventionnés et surveillance légale.

3e division.— Administration générale et départementale.

1er *bureau.*—Administration générale.
2e *bureau.*—Etablissements généraux debienfaisance.— Aliénés, enfants trouvés.
3e *bureau.*—Routes départementales, voirie vicinale, voirie urbaine et cours d'eau.
4e *bureau.*—Administration départementale.

4e division.—Administration communale et hospitalière.

1er *bureau.*—Comptabilité des communes.
2e *bureau.*—Administration communale.
3e *bureau.*—Contentieux des communes.
4e *bureau.*—Hospices.

5e division.—Administration des prisons.

1er *bureau.*—Administration.
2e *bureau.*—Travaux et dépenses.

6e division.—Beaux-arts.

1er *bureau.*—Beaux-arts.
2e *bureau.*—Monuments historiques.
3e *bureau.*—Théâtres.
4e *bureau.*—Imprimerie et librairie.

7e division.—Comptabilité centrale.

1er *bureau*.—Opérations et écritures centrales.
2e *bureau*.—Ordonnancement.
3e *bureau*.—Comptabilité départementale.

Caisse centrale.

Art. 5. Nul ne pourra être promu à un grade supérieur, s'il n'a au moins une année d'exercice dans celui qu'il occupe.

Nul ne sera promu à une classe supérieure, s'il n'a au moins deux années d'exercice dans celle à laquelle il appartient.

Toute personne admise à l'un des emplois désignés dans l'article 3 prendra rang dans la dernière classe de cet emploi.

Art. 6. Nul ne pourra être appelé aux emplois de chef, sous-chef ou employé, s'il ne peut justifier de services administratifs dans des fonctions qui dépendent du ministère de l'intérieur.

Les surnuméraires ne pourront être appelés aux emplois de rédacteur ou d'expéditionnaire qu'après deux années au moins de travail dans les bureaux du ministère.

Art. 7. Au commencement de chaque année, les chefs de service présenteront, à notre ministre secrétaire d'Etat au département de l'intérieur, un rapport sur l'ensemble du travail de leur division et sur les droits à l'avancement des employés qui sont sous leurs ordres.

Art. 8. Il ne pourra être admis dans les bureaux du ministère de l'intérieur plus de trente attachés et plus de trente surnuméraires.

Le temps de stage des surnuméraires ne leur constituera aucun droit.

Les attachés devront être pourvus du grade de licencié en droit. Ils ne seront pas appelés à concourir pour les emplois des bureaux.

Art. 9. Une commission, composée de chefs de division et de chefs de bureau, procédera à l'examen des candidats au titre de surnuméraire.

Art. 10. Le ministre prononcera la révocation des employés par un arrêté motivé.

Art. 11. Les emplois, actuellement existants, seront conservés; mais, jusqu'à l'entière exécution de la présente ordonnance, il ne sera nommé, dans chaque grade, que pour moitié des vacances qui pourront survenir.

Art. 12. Les titulaires des emplois, compris dans l'organisation réglée par la présente ordonnance et qui jouissent aujourd'hui d'un traitement inférieur au taux déterminé par l'article 3, recevront le complément du traitement attribué à leur grade, aussitôt que les ressources affectées aux dépenses de l'administration permettront d'y pourvoir.

Art. 13. Toutes dispositions contraires à la présente ordonnance sont et demeurent abrogées.

Art. 14. Notre ministre secrétaire d'Etat au département de l'intérieur est chargé de l'exécution de la présente ordonnance qui sera insérée au *Bulletin des Lois.*

Donné au palais des Tuileries, le 15 décembre 1844.

Signé LOUIS-PHILIPPE.

Par le Roi :

Le ministre secrétaire d'Etat au département de l'intérieur,

Signé T. DUCHATEL.

ARRÊTÉ DU MINISTRE DE L'INTÉRIEUR

Sur le service et la discipline

DES BUREAUX DE L'ADMINISTRATION CENTRALE

(16 DÉCEMBRE 1814).

NOUS, MINISTRE SECRÉTAIRE D'ÉTAT AU DÉPARTEMENT DE L'INTÉRIEUR,

Vu l'ordonnance royale du 15 décembre, portant organisation de l'administration centrale du ministère de l'intérieur ;
Arrêtons ce qui suit :

TITRE Ier. — *Congés et absences.*

Art. 1er. Les absences de moins de huit jours pourront être accordées, par les chefs de service, aux sous-chefs et employés sous leurs ordres. Avis en sera donné au sous-secrétaire d'État.

Tout congé de plus longue durée ne peut être autorisé que par le sous-secrétaire d'État, sur la proposition du chef de service.

Les chefs de bureau ne peuvent s'absenter sans en avoir obtenu la permission du sous-secrétaire d'État.

Les congés des chefs de division sont accordés par le ministre.

Les titulaires de congés, quel que soit leur grade, devront, à leur retour, se présenter devant le chef de leur bureau, pour faire constater la date de leur rentrée au ministère.

Art. 2. Les absences pour cause de maladie dûment constatée, ou de convalescence, dont la durée n'excédera pas un mois, seront autorisées avec traitement entier. A l'expiration de ce terme, elles pourront, en vertu d'une nouvelle décision, être renouvelées dans les mêmes limites et avec continuation du même traitement, si l'état de maladie subsiste encore, d'après la déclaration écrite et motivée du médecin des bureaux du ministère, et, dans le cas où l'employé malade serait absent de Paris, d'après un certificat dûment légalisé du médecin traitant.

Art. 3. Les congés pour tout autre motif que celui de maladie ou de convalescence pourront être accordés avec traitement entier, quand ils ne dépasseront pas quinze jours. Au delà de ce terme, ils donneront lieu à la retenue de la moitié du traitement.

La prolongation de ces congés sera exclusive de toute allocation de traitement, à moins que le ministre, sur le rapport du sous-secrétaire d'État, n'en décide autrement.

Art. 4. L'employé qui aura dépassé la durée de son congé, sera privé de tout traitement pour le temps pendant lequel il aura été absent sans autorisation. Le ministre se réserve, en outre, de prononcer, s'il y a lieu et selon la gravité du cas, la retenue de la totalité ou d'une partie du traitement qui devait être conservé durant ce congé.

Quand l'absence non autorisée se sera prolongée au delà de trois mois, l'employé sera considéré comme démissionnaire et rayé des contrôles de l'administration centrale.

Art. 5. Lorsqu'un employé se trouvera retenu chez lui pour cause d'indisposition ou de maladie, il devra, le jour même, en informer le chef de son bureau.

Si l'absence se prolonge au delà de trois jours, le chef de bureau en rendra compte, à l'expiration de ce terme, au chef de division, lequel en donnera avis au sous-secrétaire d'État qui fera immédiatement constater l'état du malade par le médecin des bureaux du ministère.

TITRE II.—*Discipline intérieure.*

Art. 6. Les sous-chefs et commis sont tenus d'être présents dans les bureaux depuis neuf heures du matin jusqu'à cinq heures du soir, et, extraordinairement, à toutes heures, et même les jours fériés, quand ils en seront requis.

Art. 7. Il y aura, pour chaque bureau, un cahier où seront inscrits d'avance, jour par jour et dans le même ordre, les noms des employés du bureau (*sous-chefs et commis*), lesquels devront, chaque matin, à leur arrivée, apposer leur signature en regard de leur nom.

Tous les cahiers d'émargements seront visés et arrêtés par les chefs de bureau, à dix heures précises, et transmis immédiatement au cabinet du sous-secrétaire d'État.

Art. 8. Dans le cours de la journée et à des heures indéterminées, les chefs de division feront circuler des feuilles de présence dans les bureaux, quand ils le jugeront convenable.

Art. 9. Il appartient au chef de bureau seulement, et, en son absence, au sous-chef, d'indiquer, sur la feuille de présence, le motif de l'absence d'un employé.

Il est interdit aux employés d'inscrire sur cette feuille autre chose que leur signature.

Art. 10. Tous les mois, le sous-secrétaire d'État mettra sous les yeux du ministre un extrait des cahiers d'émargements et des feuilles de présence. Il sera tenu note des noms des employés qui se seront fait remarquer par leur exactitude, et de ceux dont la négligence et le défaut d'assiduité mériteront d'encourir la sévérité du ministre qui se réserve de prendre à leur égard telle mesure que de raison.

Les punitions à infliger seront graduées comme il suit :

1° La réprimande du ministre;

2° L'exclusion, pendant l'année courante, de toute proposition d'avancement;

3° La perte d'une classe ou d'un grade;

4° La perte de l'emploi, et, par suite, la radiation des contrôles de l'administration centrale.

Art. 11. Les rédacteurs et expéditionnaires devront exécuter tous les travaux qui leur seront confiés en dehors de leurs attributions ordinaires, quand le chef de bureau l'aura jugé nécessaire. En cas de refus, il en sera rendu compte, et le sous-secrétaire d'État prendra immédiatement les ordres du ministre.

TITRE III.—*Dispositions spéciales.*

Art. 12. Aucun dossier ne peut être emporté du ministère sans une autorisation spéciale du sous-secrétaire d'État ou des chefs de division.

Art. 13. Les lettres ou dépêches ayant un caractère officiel seront *seules* transmises sous le couvert du ministre.

Le commis d'ordre de chaque bureau parafera, *sous sa responsabilité personnelle*, ces lettres ou dépêches, à l'exclusion de tous autres.

L'agent spécialement chargé au secrétariat général (*bureau de l'enregistrement des dépêches*) d'apposer sur chaque lettre, paquet ou dépêche, le contre-seing du ministère de l'intérieur, s'assurera préalablement de l'identité des parafes.

Toute contravention aux dispositions du présent article sera immédiatement portée à la connaissance du ministre.

Art. 14. Il est formellement interdit aux employés de tous grades, autres que ceux désignés dans l'article suivant, de donner, sous quelque prétexte que ce soit, verbalement ou par écrit, des renseignements sur les travaux du ministère et sur les décisions prises ou en projet.

Toute infraction à cette disposition entraînera le renvoi immédiat de celui qui l'aura commise.

Art. 15. Le chef du cabinet du ministre, les chefs de service, et, en leur absence ou, en cas d'empêchement, les chefs de bureau sont seuls autorisés à donner des audiences.

Art. 16. Toutes dispositions contraires au présent arrêté sont et demeurent abrogées.

Art. 17. Le présent arrêté sera imprimé, distribué dans tous les bureaux et mis immédiatement à exécution.

Fait à Paris, le 16 décembre 1844.

Signé T. DUCHATEL.

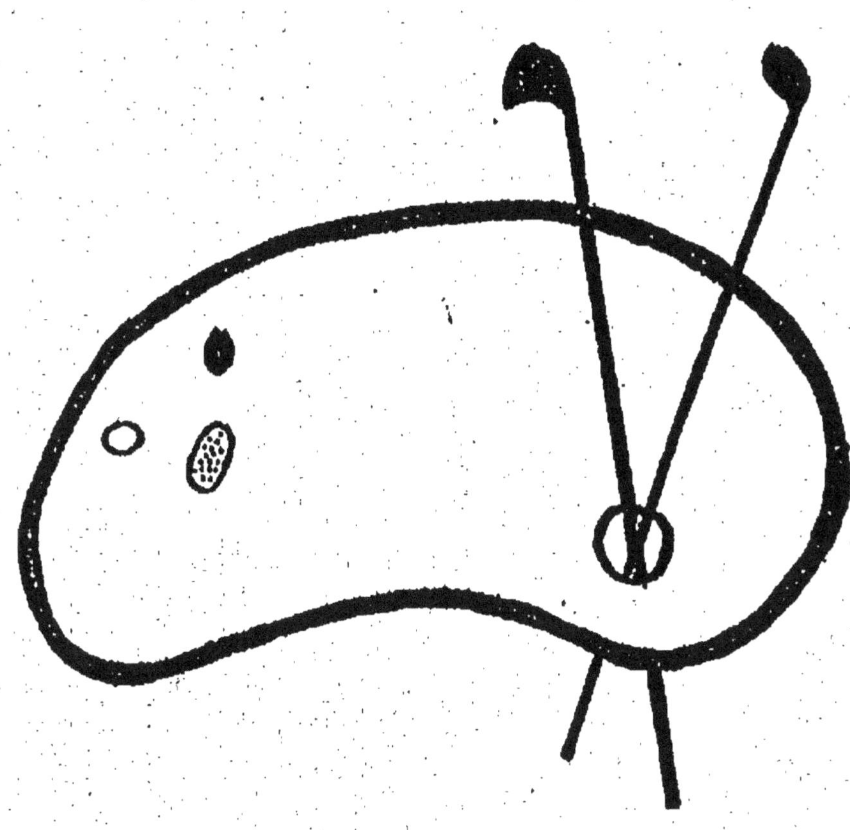

www.ingramcontent.com/pod-product-compliance
Lightning Source LLC
LaVergne TN
LVHW010318230826
846091LV00009B/3721

* 9 7 8 2 0 1 3 6 1 0 3 7 7 *